Un pequeño paso para una mujer,

un salto hacia atrás para la Humanidad...

JEAN-PIERRE MARTINEZ

Un pequeño paso para una mujer,

un salto hacia atrás para la Humanidad...

La Comédiathèque

comediatheque.net

PERSONAJES

Joe

Mary

Brian

El personaje de Brian puede ser interpretado por una mujer, una persona andrógina, o travestida como hombre, o simplemente por una mujer a la que llamaremos Briana.

© La Comédiathèque
ISBN 978-2-38602-153-4

Voz en off – Damas y caballeros, ¡bienvenidos a la base de lanzamiento de la Compañía Objetivo Marte! Están a punto de presenciar en unos minutos un evento que marcará un hito en la historia de la Humanidad. Un siglo después del primer paso de un hombre en la Luna, es una mujer la que, por primera vez, después de un viaje de varios meses, pisará el suelo del planeta rojo. Esta mujer excepcional se llama Mary. La acompañará en esta misión Joe, su copiloto y esposo. Sin embargo, el proyecto de la Compañía Objetivo Marte no se detiene en la realización de esta extraordinaria hazaña. Esta pareja heroica sentará las bases de una verdadera ciudad marciana. Un equipo tomará su relevo en dos años para emprender la colonización a gran escala de este planeta rico en recursos y lleno de promesas. Y en no más de cinco años, todos los que deseen unirse podrán hacerlo para participar en la conquista de un nuevo mundo, expandiendo los límites de lo imposible. ¿Desean participar en esta increíble aventura? Pueden reservar su lugar desde ahora en nuestro sitio web, con un depósito de garantía. Pero por ahora, deseemos buena suerte a estos valientes pioneros que nos abren el camino hacia las estrellas. Aunque no puedan escucharlos, ya que han abordado su nave espacial, gracias por aplaudir a estos dos héroes, que acaban de celebrar su matrimonio y para quienes este viaje a Marte también será una luna de miel. Damas y caballeros, gracias por ovacionar a Mary y Joe...

Aplausos del público con música de película de ciencia ficción de fondo.

En lugar de una voz en off, Brian puede dirigirse directamente al público frente al telón cerrado (si lo hay) o frente al escenario que permanecerá en la oscuridad. En este caso, Brian saldrá al final de su discurso mientras los espectadores aplauden.

La luz se enciende o el telón se abre revelando un escenario de la sala de control de una nave espacial, al estilo de una serie Z. No se buscará el realismo, sino que se asumirá el aspecto ficticio de este escenario de ciencia ficción. El nombre de la nave, el Marsflower, está indicado en un panel. Mary llega, con un traje ajustado, seguida de cerca por Joe, vestido de manera similar.

Mary – ¡Vete al diablo, imbécil!

Joe – Escucha, no sé qué te contaron, pero te juro que...

Mary – Claro, ríete de mí, además...

Joe – ¡Nunca me acosté con esa chica! Ni siquiera la conozco...

Mary – ¿No la conoces? Yo mismo te la presenté...

Joe – Ah, sí, quizás... Quería decir que no la conozco... de manera íntima.

Mary – Si fuera la primera vez, aún. Pero todas las astronautas de la base han pasado por ahí. Las estadounidenses, las rusas, las chinas, las japonesas...

Joe – Ah, las japonesas, te aseguro que no...

Mary – Gracias por tranquilizarme respecto a las japonesas... Y ves, por una vez, te creo.

Un momento.

Joe – Vale, tal vez estuve con Ivanovna una o dos veces. ¡Pero fue antes de que nos casáramos!

Mary – ¡Nos casamos ayer!

Joe – Está bien... pero antes no nos habíamos prometido fidelidad.

Mary – Claro... Porque ahora que me has prometido oficialmente fidelidad, ya no me engañarás, ¿verdad?

Joe – ¡Vamos en una misión a Marte por tres años! Incluso si quisiera, no veo cómo haría para engañarte...

Mary – Eres realmente un pobre tipo. Me pregunto por qué me casé contigo.

Joe – No lo tomes así... Y además, admite que... Un hombre y una mujer, solos durante tres años en un espacio apenas más grande que un silo de granos...

Mary – Si solo cuentas con la promiscuidad para no quedarte con las manos vacías durante este viaje de ida y vuelta a Marte, te decepcionarás, créeme.

Joe – Sé razonable, Mary... No puedes pedirme que sea abstemio durante tres años...

Mary – Si entiendo bien, ¿me casé contigo solo para satisfacer tus necesidades sexuales durante este interminable viaje? Puedes decir que sabes cómo hablar a las mujeres...

Joe – En fin, Mary... Ya me conocías antes de este matrimonio. Al menos de reputación... Sabes que no soy apto para la monogamia.

Mary – ¿Entonces, por qué te casaste conmigo?

Joe – La dirección de la Compañía Objetivo Marte quería que la pareja de astronautas seleccionada estuviera casada. Si no querías ser mi esposa, podías renunciar a esta misión...

Mary – Y renunciar al mismo tiempo a ser la primera mujer en poner pie en Marte. ¡Estás bromeando! Y tú, en primer lugar... si no eras capaz de controlar tus impulsos, también podrías haber retirado tu candidatura.

Joe – Bueno, el cohete despega en unos instantes. Querámoslo o no, es demasiado tarde para cambiar de opinión. Pasaremos tres años juntos en un espacio confinado. ¡Tres años! Puede ser largo si nos llevamos mal, ¿no crees?

Un momento.

Mary – Toda mi vida he esperado este momento. Y créeme, he tenido que trabajar el doble que un hombre para llegar hasta aquí – ser la primera persona en poner un pie en Marte. Y que esta persona sea una mujer...

Joe – Estoy seguro de que has preparado una frase histórica para inmortalizar este momento. Como Armstrong cuando pisó la Luna...

Mary – Quizás...

Joe – ¿Y entonces?

Mary – Ni se te ocurra que te lo diga.

Joe – Si aún no tienes una idea, tengo una sugerencia...

Mary – ¿Ah, sí?

Joe (*teatralmente*) – "Un pequeño paso para un hombre, un gran salto para una mujer"...

Ella le lanza una mirada asesina.

Mary – Lo que demuestra que los hombres que dicen amar a las mujeres suelen ser los más misóginos...

Llega Brian, el carismático y un poco excéntrico jefe de la Compañía Objetivo Marte, con un aspecto moderno y estudiadamente informal, al estilo de un CEO de empresas de tecnología estadounidenses de Silicon Valley.

Brian – ¡Queridos amigos, buenos días! Quería venir en persona a desearles un buen viaje.

Mary – Gracias, Brian...

Brian – Sepan que todo el mundo los está observando. Camaradas, el futuro de la Humanidad está en sus manos.

Joe – ¿Estás seguro de que es un CEO del Silicon Valley? Me parece estar escuchando a Stalin deseándole buen viaje a Gagarin...

Mary – ¿No era Jrushchov en realidad?

Brian – Como saben, el futuro de nuestro planeta es muy incierto. Nuestro universo tiene más de trece mil millones de años, mientras que el Homo sapiens apareció hace solo unos cientos de miles de años. En la escala de este tiempo universal, el Hombre no es más que un niño. Pero este niño ya ha destrozado su cuna e incendiado la casa.

Joe – No dan muchas ganas de tener hijos, eso seguro...

Mary – Tranquilízate, no te va a pasar. No conmigo, al menos.

Brian – Lo que propone Objetivo Marte es empezar de nuevo. En otro lugar. Y ese otro lugar es el planeta rojo. Mis amigos, vamos a fundar un nuevo mundo. Una nueva civilización. Un hombre nuevo.

Joe – Es cierto que habla bien, sin embargo...

Mary – Un hombre nuevo... Y pensar que un tipo como tú fue elegido para regenerar la raza... Estamos en apuros...

Brian – ¡Ustedes, compañeros, serán los primeros ejemplares! Y la Humanidad les estará eternamente agradecida. Sí, todos tendremos una deuda eterna con ustedes...

Joe – Hablando de deuda, aprovecho para señalarle... Todavía no he recibido su transferencia a mi cuenta bancaria...

Brian – Tranquilícese, es solo un ligero contratiempo... Y créanme, en los próximos tres años, no tendrán muchas oportunidades de gastar dinero de bolsillo.

Mary – Tres años... Va a ser largo.

Brian – Afortunadamente, no estarán solos.

Mary – Sí, es exactamente en eso en lo que pensaba...

Brian – Admitan que para un viaje de novios, ningún esposo habrá llevado a su esposa tan lejos...

Joe – Sí... Ya se necesitan nueve meses para llegar al lugar previsto para la luna de miel...

Brian – ¡Piénsenlo como si pasaran esos nueve meses en la cama!

Joe – Acostado en un congelador junto a la novia, no es la idea candente que tenía de mi noche de bodas...

Brian – Estarán en hibernación a la ida y al regreso. ¡No verán pasar el tiempo! En realidad, solo pasarán un año y medio en Marte. El tiempo que el alineamiento de este planeta con la Tierra permita nuevamente el viaje de ida y vuelta más corto posible.

Mary – No tendremos mucho tiempo para aburrirnos, eso seguro. Con todo lo que tenemos que hacer allá...

Brian – Sí... Pondrán las primeras piedras de la primera ciudad extraterrestre.

Joe – Haremos un poco más que poner las primeras piedras, ¿verdad...? Construiremos parte de la ciudad. No será realmente un paseo, como el de los primeros hombres en la Luna. Camino unos pasos, digo una pequeña frase para la Historia, planto una bandera y vuelvo para desfilar por la Quinta Avenida.

Mary – Y todo eso en apenas una semana.

Brian – En efecto... Se trata de un logro aún más considerable. ¡Imagínense! ¡Son pioneros! ¿Por qué creen que llamé a esta nave el Marsflower?

Joe – Porque vamos a Marte...

Mary – Y porque le gustan las flores.

Brian – Es en recuerdo de los primeros colonos que abandonaron Europa para colonizar América. En el Mayflower, precisamente.

Joe – Ah, vale, no lo había entendido...

Brian – Su nave se llama el Marsflower. Los seguiré en dos años con un equipo más completo en el Aprilflower. Y en cinco años, los primeros colonos llegarán a bordo de una nave aún mucho más grande...

Mary – El Mayflower.

Brian – ¡Exactamente! Con la esperanza de que la pobre Tierra aguante hasta entonces... Porque con el cambio climático y los conflictos internacionales provocados por estos desastres naturales repetidos...

Joe – Es cierto...

Brian – Rusia invadió Polonia, China invadió Taiwán, Francia invadió Mónaco, España invadió Andorra... ¡Nunca hemos estado tan cerca de una conflagración nuclear! Incluso Suiza tiene la bomba atómica y amenaza con aniquilar a Luxemburgo... Sí, amigos míos, ¡la supervivencia de la Humanidad está en sus manos!

Mary – Intentaremos estar a la altura...

Brian – Un brillante futuro les espera, tengan por seguro.

Joe – Si sobrevivimos a esta misión...

Brian – ¿Saben cuántos presidentes de los Estados Unidos son descendientes directos de los cien pasajeros del Mayflower?

Mary – No.

Brian – ¡Ocho! Incluyendo a George Bush padre e hijo.

Joe – Genial...

Brian – Sin mencionar a algunas otras celebridades como Humphrey Bogart, Marilyn Monroe o Hugh Hefner.

Mary – ¿Hugh Hefner?

Joe – Es el fundador de la revista Playboy...

Brian – Joe, Mary... al dirigirme a ustedes, quizás me esté dirigiendo al próximo presidente de los Estados Unidos de Marte. Y a la primera dama...

Las luces comienzan a parpadear.

Mary – Ah, creo que no tardaremos en partir. Si no quieren ser parte del primer viaje, es el momento de bajar de la nave.

Brian – Mis queridos amigos, en nombre de todos los accionistas de la Compañía Objetivo Marte y de toda la Humanidad, les deseo buena suerte y buen viaje. Y nos vemos en Marte en dos años.

Los abraza sucesivamente y sale de la nave.

Joe – Está completamente chiflado, ¿no? ¿Crees que podemos confiar en él...?

Mary – Es un poco tarde para pensarlo.

Joe se acerca al ventanal que supuestamente está frente al público.

Joe – Si al menos el clima fuera bueno. Pero está lloviendo a cántaros...

Mary – Sí... Aquí estamos... El culo sentado en una gran bomba a punto de explotar para llevarnos hasta el cielo.

Joe – ¿Te está afectando, parece...? A mí también me está calentando. Quizás todavía tengamos tiempo de...

Mary (*mirando las pantallas de control*) – La cuenta regresiva ha comenzado. Despegamos en menos de diez minutos. Es hora de volver a nuestras cápsulas de hibernación. Nueve meses de hibernación a menos 200 grados deberían ser suficientes para enfriar tus impulsos.

Joe – Bueno... Entonces, vayamos...

Mary – Finalmente sabremos si la luz de la nevera sigue encendida cuando la puerta está cerrada...

Las luces parpadean aún más rápido. Salen. Luego, la oscuridad llega de repente.

Negro.

Se escuchan ruidos de un cohete despegando y se ven destellos luminosos, al estilo de efectos visuales y sonoros de una película de ciencia ficción de serie Z.

Mismo escenario. Joe llega estirándose y bostezando.

Joe – Eso es lo que llamo una buena siesta... ¿Cómo se puede estar tan cansado después de haber dormido durante (*mirando su reloj*) 5762 horas...? En fin, la buena noticia es que seguimos vivos. Bueno, ¿dónde estamos ahora? (*Mira por el ventanal hacia la sala*) Ah, mierda, ya estamos en Marte... Como aún estábamos durmiendo, seguro que han activado el piloto automático desde Houston...

Mary llega también.

Mary – ¿Ya estás despierto?

Joe – Sí...

Mary – ¿Desde hace mucho?

Joe – Unas horas, más o menos...

Mary – ¿En serio...?

Joe – ¿Has dormido bien?

Mary – No lo sé... Ni siquiera siento que haya dormido... De todos modos, no he tenido sueños.

Joe – O tal vez estamos soñando ahora...

Al igual que Joe, Mary se acerca al ventanal.

Mary – ¿En serio? ¡Ya estamos en el planeta rojo!

Joe – Salí del congelador un poco antes que tú, así que tomé el control.

Mary – ¡Podrías haberme despertado!

Joe – Parecías estar durmiendo profundamente... Me incliné sobre tu cápsula de hibernación, como el príncipe azul sobre la Bella Durmiente... Estabas completamente tiesa... El tono un poco violáceo... Parecías un filete congelado...

Mary – Gracias.

Joe – Pensé en besarte para despertarte, pero como nos habíamos separado en malos términos...

Mary – Y desde que aterrizamos, ¿qué has estado haciendo...?

Joe – Seguías durmiendo, así que salí a dar un paseo afuera.

Mary – ¿No hiciste eso, verdad?

Joe – Pero no, no te preocupes... Serás la primera en caminar sobre Marte.

Mary – No bromees con algo así. Podría matar por menos que eso...

Joe – De todas formas, incluso si lo hubiera hecho, nadie lo sabría nunca, no había cámaras.

Mary – Yo lo sabría... ¿Lo hiciste o no?

Joe – Quién sabe...

Mary – Bueno, de todos modos, pon todos los equipos en funcionamiento. Llama a Houston y enciende la cámara para inmortalizar mis primeros pasos en el planeta Marte.

Joe – De acuerdo...

Mary – Voy a arreglarme y me pongo mi mejor traje espacial... Mejor lucir bien para bajar los pocos escalones que me separan del polvo marciano...

Joe – El polvo marciano...

Mary – ¿Te das cuenta? ¡Estas imágenes figurarán para siempre en todos los libros de historia!

Joe – ¿No olvidaste tu pequeña frase?

Mary – No, tranquilo.

Joe – Entonces...

Mary – Un pequeño paso para una mujer, un gran salto adelante para todas las mujeres...

Joe – Sí...

Mary – ¿Qué?

Joe – No, no, es... Está bien...

Mary – Me voy...

Joe – Mary...

Mary – ¿Qué pasa ahora?

Joe – ¿Aún estás enojada conmigo?

Mary – ¿Por qué? ¿Por haberme engañado con una chica que yo misma te presenté como mi mejor amiga?

Joe – Fue hace nueve meses...

Mary – ¡Pasamos esos nueve meses en hibernación! ¡Para mí, fue ayer!

Joe – Lo siento mucho...

Mary – Bueno, si me permites, el mundo entero espera que ponga el pie en Marte, y aún no he decidido cuál... ¿El derecho? ¿El izquierdo? Estoy segura de que los periodistas de todo el mundo intentarán ver un mensaje político en ello...

Joe – Si no puedes decidir, siempre puedes saltar con los dos pies...

Mary – Temo que eso no sería muy elegante.

Ella sale.

Negro.

Aún en la oscuridad, Joe y Mary llegan con un pastel de cumpleaños en el que hay dos velas encendidas. Cantan al unísono.

Joe y Mary – Cumpleaños feliz, cumpleaños feliz, cumpleaños feliz Joe y Mary, cumpleaños feliz...

Soplan juntos las velas y la escena vuelve a sumirse en la oscuridad. Luz.

Mary – Nos estamos volviendo completamente locos.

Joe – Con razón... Han pasado dos años desde que dejamos la Tierra...

Mary – Y más de un año desde que aterrizamos en Marte...

Joe – Sin embargo, cuando miramos afuera, aún nos cuesta acostumbrarnos...

Mary – Sí...

Joe – Me pasó lo mismo cuando llegué por primera vez a Texas...

Mary – Aquí se parece más al Gran Cañón, ¿no?

Joe – Me refería más que nada al ambiente...

Mary – Ah, sí...

Joe – Es cierto que después de la magia de los primeros días, terminaríamos un poco aburridos en Marte.

Mary – Y Brian vendiéndonos esto como el nuevo El Dorado...

Joe – Ese tipo podría venderle hielo a los esquimales.

Mary – Y aunque fuera el paraíso... Un filósofo decía que el infierno son los demás... Tengo más bien la tendencia a pensar que el infierno es estar condenado a un eterno cara a cara.

Joe – Gracias por eso...

Mary – Comprendo que después de un tiempo, Adán y Eva hayan querido largarse del Jardín del Edén.

Joe mira por la ventana.

Joe – No es la idea que tengo del paraíso, eso seguro...

Mary – Y esta nave ya es un auténtico desastre. ¡Nada funciona! La lavadora está rota, no hay agua caliente, el reproductor de video ha muerto...

Joe – En fin, solo quedan tres meses y volvemos a casa.

Mary – Si el motor de este cohete aguanta hasta entonces.

Joe – Es un motor nuevo basado en una tecnología completamente revolucionaria.

Mary – Ni siquiera entendí cómo funciona...

Joe – Yo tampoco... Esperemos que este propulsor no se descomponga también, porque debe ser más complicado de arreglar que el motor de tu coche eléctrico...

Mary – No sé, nunca he levantado el capó. Cuando se queda sin agua en el limpiaparabrisas, lo llevo al taller para revisión...

Joe – Sí, pisar suelo marciano está bien, pero estoy deseando volver a tierra firme.

Mary – La Tierra no es el paraíso, pero al menos podemos lavarnos todos los días, ir de compras una vez por semana, ir a la peluquería una vez al mes y hacernos la depilación una vez al año...

Un momento.

Joe – Y cuando dices volver a casa, ¿quieres decir...?

Mary – Quiero decir cada uno a su casa.

Joe – Entonces, aún no me has perdonado...

Mary – Creo que lo voy a tener muy difícil.

Joe – Sin embargo, en dos años, nunca he mirado a otra chica que no seas tú, te lo juro...

Mary – ¿No encontraste ninguna marciana de tu agrado?

Joe – La única marciana que quiero eres tú.

Mary – Porque no hay otras...

Un momento.

Joe – A un día de diferencia, también es nuestro aniversario de bodas. Y te recuerdo que este matrimonio ni siquiera ha sido consumado...

Ella parece dudar.

Mary – Vale, estoy dispuesta a hacer una tregua. (*Él ya se alegra*) Te propongo una partida de Scrabble.

Obviamente, él está decepcionado.

Joe – ¿Trajiste un Scrabble a Marte?

Mary – Sí, claro...

Joe – No lo sabía.

Mary – Estaba esperando una gran ocasión para sacarlo.

Joe – Bueno, juguemos al Scrabble... No es exactamente lo que esperaba para nuestro aniversario de bodas, pero bueno...

Colocan el juego, toman sus letras, las colocan en sus soportes y comienzan a pensar. Mary comienza y coloca sus siete letras en el tablero.

Mary – Engañar...

Joe recibe el mensaje y piensa antes de colocar a su vez sus letras en el tablero.

Joe – Perdonar...

Intercambian una mirada cargada de significado antes de volver a tomar letras del saco.

Mary – Traición...

Joe – Clemencia...

Tomando más letras del saco.

Mary – Mentira...

Joe – Amor...

Intercambian otra mirada. Ella parece dudar antes de decidirse.

Mary – Está bien, has ganado... Estoy dispuesta a pasar la página.

Joe – Después de todo, como dice Brian, estamos un poco como Adán y Eva... No tenemos muchas opciones.

Mary – No te pases, aún puedo cambiar de opinión.

Se besan apasionadamente. Se escucha un timbre.

Joe – ¿Quién podría ser a estas horas?

Mary – ¿Por qué, qué hora es?

Joe – Estamos en Marte, es difícil decirlo.

Mary – Y sobre todo, en Marte, ¿no se supone que nadie debería llamar a la puerta?

Joe – Ni siquiera sabía que había un timbre.

Mary – Yo tampoco.

Nuevo sonido de timbre.

Joe – Es cierto que es bastante inquietante...

Mary – ¿Crees que los Testigos de Jehová podrían habernos seguido hasta aquí?

Dirigen su mirada hacia la computadora de a bordo.

Joe – Viene de la computadora de a bordo... (*Joe se acerca a la pantalla*) Otra broma de Brian... Es él quien llama.

Mary – Eso me recuerda que aún no nos ha pagado.

Joe atiende la llamada. Mary se coloca también frente a la pantalla mientras suena la entusiasta voz del demagogo Brian.

Brian (*off*) – ¡Queridos amigos, buenos días! Quería desearles personalmente un feliz aniversario. ¿Cómo están nuestros dos héroes?

Joe – Hola Brian... Pues mire... Bien...

Brian – ¿No muy ocupados?

Joe – Estábamos en medio de una partida de...

Mary – ¡Scrabble!

Brian – Es domingo, después de todo. Hay que relajarse un poco...

Joe – Ah, es domingo...

Mary – Justamente, nos estábamos preguntando...

Joe – Seguro por eso nos estamos aburriendo más de lo habitual...

Brian – Y esta nueva ciudad marciana, ¿cómo van las obras?

Mary – Bien...

Joe – Incluso un poco más rápido de lo previsto...

Mary – Como realmente no tenemos nada más que hacer que trabajar...

Joe – Sí... A este ritmo, deberíamos terminar un mes antes...

Brian – Bueno, muy bien, eso...

Mary – Aunque son los robots los que hacen la mayor parte del trabajo, pero bueno...

Joe – Sí, se podría decir que han hecho un buen trabajo.

Mary – Pero parece que eso no le hace feliz.

Brian – No, no, por supuesto, evidentemente, es solo que... es la primera vez que un programa inmobiliario se completará antes de la fecha de entrega prevista, ¿verdad?

Joe – Sí, sí...

Brian – No, quiero decir... En la Tierra, suele ser lo contrario, ¿no es así? Las obras siempre se retrasan...

Mary – Sí, lo habíamos entendido...

Brian – Bueno, no los molestaré por mucho tiempo... Si acaban de empezar una partida de Scrabble...

Mary – Aquí, ya sabe, nos aburrimos tanto... A veces desearíamos que nos molestaran más a menudo...

Joe – Es tan tranquilo... Casi llega a dar miedo...

Mary – Estamos llegando al punto de extrañar a los ruidosos vecinos que dejamos en nuestro deteriorado edificio en las afueras de Houston.

Brian – Lo entiendo... Como decía Pascal: "El silencio eterno de los espacios infinitos me asusta"...

Joe – ¿Decía eso Pascal?

Mary (*a Joe*) – ¿Quién es Pascal?

Joe – Un filósofo francés.

Brian – Pero este silencio, amigos míos, ¡cuenten con nosotros para llenarlo! Pronto resonarán en Marte todas las voces de los colonos que se unirán a ustedes en unos pocos años... y ¿por qué no todas las risas de los niños que nacerán en el planeta rojo para poblar este nuevo mundo que se nos presenta?

Joe – Sí, bueno, nosotros estamos ansiosos por regresar a la Tierra. Y le confieso que ya empezamos a contar los días en el calendario...

Mary – En exactamente 98 días, estaremos de vuelta en casa...

Brian – Justo por eso los llamo...

Joe – ¿Cómo así?

Brian – Tengo una buena y una mala noticia...

Mary – Empecemos por la mala...

Brian – La comercialización de los boletos para Marte entre los colonos no ha despegado tan rápido como hubiéramos querido...

Joe – ¿Y entonces?

Brian – La compañía Objetivo Marte aún no genera beneficios, y el precio de la acción para nuestra oferta pública inicial en Wall Street tuvo que reducirse de 50 dólares a 10 centavos...

Mary – ¿100 veces menos?

Brian – Si hago bien los cálculos, incluso son 500 veces menos.

Joe – Y nosotros que íbamos a ser pagados principalmente con opciones de acciones...

Mary – ¿Así que esa es la mala noticia?

Brian – No del todo...

Joe – Temo lo peor...

Mary – Vamos, suéltalo...

Brian – Al no haber podido recaudar los fondos necesarios, nos hemos retrasado en la construcción de Aprilflower, la nave en la que debo unirme a ustedes en Marte con el equipo de relevo.

Joe – ¿Y entonces?

Brian – No estará listo en la fecha prevista, lamentablemente... Y como la configuración planetaria más favorable para su regreso a la Tierra ocurre solo una vez cada 18 meses, tendrán que esperar un poco más para poder regresar.

Mary – ¡Un año y medio más en este planeta!

Brian – Al mismo tiempo, ¡imaginen! Muchas personas quisieran estar en su lugar.

Joe – Si hubiera tantos, ya habrían vendido todos sus boletos de ida simple a Marte...

Mary – ¿Y la buena noticia, cuál es?

Brian – Finalmente pude hacer un depósito en su cuenta bancaria.

Joe – ¿Cuánto?

Brian – 500 dólares... Lo sé, se les prometieron 500,000...

Mary – ¿5000 veces menos?

Brian – Solo serían 1000 veces menos, si no me equivoco.

Joe (*a Mary*) – Si no estuviera a 78 millones de kilómetros, ya lo habría estrangulado...

Brian – Estoy seguro de que nuestra situación financiera mejorará muy pronto. Actualmente estoy buscando nuevos inversionistas y...

Mary – ¿Quiere decir nuevos tontos, como nosotros?

Brian – Tengo que dejarlos... Tengo otra llamada... Ah, creo que es el banco precisamente... Bueno, buena suerte... ¡Y felicidades otra vez! Están escribiendo una página de la historia de la Humanidad...

Joe – ¡Oye, espera!

Mary – ¿Está seguro de que no hay otra solución?

La comunicación se corta. Joe y Mary se miran, visiblemente furiosos y abatidos.

Joe – Maldición, un año y medio más...

Mary – Casi cinco años...

Joe – La última vez que pasé tanto tiempo en un solo lugar fue en la cárcel...

Ella lo mira con asombro.

Mary – ¿Ya has estado en la cárcel?

Joe – ¿Realmente crees que podrían haber encontrado un voluntario con antecedentes penales limpios para subir a esta nave espacial desvencijada propulsada por un motor experimental?

Mary – Y la cárcel, ¿fue por qué?

Un momento.

Joe – Tú primero... ¿Por qué aceptaste esta misión suicida? No me digas que solo fue por la gloria...

Mary – Es una larga historia, que tal vez te cuente algún día cuando tengamos tiempo...

Joe – Acabamos de prolongar nuestra condena por dieciocho meses. Tenemos dos años y medio por delante.

Mary – Sí... Si para entonces logra reunir suficiente dinero para terminar la construcción de Aprilflower y venir a reemplazarnos...

Joe – Seguro que si la Compañía Objetivo Marte quiebra, estamos en problemas...

Mary – Prefiero no pensarlo.

Joe – Cinco años de ausencia, ¿te das cuenta?

Mary – Sí, me cuesta imaginar nuestro regreso a la Tierra... después de cinco años.

Joe – Todo va tan rápido ahora... ¡Cinco años son una eternidad! ¿Te imaginas? Sales justo antes del despliegue de internet y vuelves cinco años después... Estás completamente desactualizado.

Mary – Es verdad... Ningún descubrimiento significativo durante millones de años y ahora un cambio importante cada diez años apenas.

Joe – Y eso que solo estamos hablando de cambios para mejor. También está el riesgo de un colapso sistémico general...

Mary – De todos modos, creo que no aguantaremos dos años más ocupando nuestras noches con partidas de Scrabble...

Joe – Tienes razón... Tendremos que ocuparnos de otra manera...

Se lanzan nuevamente uno sobre el otro y se besan apasionadamente.

Oscuridad.

Joe llega, con una expresión jubilosa, y con una maleta en cada mano. Mary lo sigue con una maleta de ruedas. Como se mencionó antes, no se busca el realismo, sino más bien un desfase generador de comedia.

Joe – ¡Esta vez, es el momento! ¡Nos vamos!

Mary – Solo nos queda devolver las llaves al dueño en la recepción.

Joe – Espero que nos perdonen la cuenta del minibar, porque hemos bebido bastante en cinco años.

Mary – Con todo el dinero que nos deben...

Joe se coloca frente al ventanal, del lado de la sala.

Joe – El mundo entero recordará el día en que llegamos al planeta rojo, pero yo recordaré especialmente el día en que nos fuimos.

Mary – Acabo de recibir un mensaje de Brian. Aprilflower ya está en órbita alrededor de Marte. Estarán aquí en una hora.

Joe – No aguanto más... Si hubiera tenido que soportar otra semana, creo que me habría vuelto loco.

Mary – Terminamos de montar estos módulos de vivienda hace más de un año...

Joe – Y en cuanto al turismo, Marte es bastante limitado.

Mary – Por más que se parezca al Gran Cañón...

Joe – ¿Quién tendría la idea de quedarse tres años en el Gran Cañón?

Mary – Vas, tomas algunas fotos y te marchas.

Joe – Y luego el Scrabble, sinceramente... Está bien durante las vacaciones. Pero dos años jugándolo mañana, tarde y noche...

Mary – Nunca volveré a jugar Scrabble en mi vida.

Joe – Bueno, no solo jugamos Scrabble después de todo...

La besa.

Mary – No... Y precisamente, sobre eso...

Joe – ¿Qué?

Mary – Tengo una noticia que darte.

Joe – Ah, sí...

Mary – ¿No adivinas?

Joe – No...

Mary – Estoy embarazada.

Joe – ¿De mí?

Mary – ¿De quién más? ¿E.T.?

Joe – Pensé que estabas tomando la píldora.

Mary – Al parecer, incluso en el 2073, la anticoncepción no es una ciencia exacta.

Joe – Hay que decir que tuvimos casi tantas sesiones de Scrabble como relaciones sexuales...

Mary – Incluso a veces al mismo tiempo... Entonces...

Joe – ¿Entonces qué?

Mary – Oculta tu alegría...

Joe – Estamos en Marte... y nos llevará nueve meses regresar a la Tierra. No me veo siendo comadrona...

Mary – Estaremos en hibernación durante el viaje. Supongo que el bebé también...

Joe – ¿Tú crees?

Mary – No lo sé. Es la primera vez. Por lo general, congelamos los óvulos. No sé qué sucede cuando congelamos a la madre...

Joe – ¿Crees que deberíamos decirle?

Mary – ¿A Brian? ¿Qué cambiaría eso?

Joe – Nada...

Mary – Solo queda esperar que este embrión sea realmente tuyo y no de una criatura del espacio que me visitó mientras dormía. Porque si sigue desarrollándose mientras su madre está en el congelador, la película no será E.T., será Alien...

Joe – Es curioso, de repente, este viaje de regreso me entusiasma mucho menos...

Se escucha el timbre.

Mary – ¿Otra broma?

Joe – No, esta vez creo que realmente han llamado a la puerta del esclusa...

Sale y vuelve con Brian, con un aspecto hippie versión católica (ver el musical "Jesucristo Superstar").

Brian – ¡Hola! Lo siento, llegué un poco temprano.

Mary – Lo estábamos esperando hace dieciocho meses...

Joe – ¿Está solo?

Brian – Los demás todavía están en órbita. Preferí venir como explorador con la lanzadera para asegurarme de que todo estuviera en orden para recibir a estos misioneros de los tiempos modernos...

Mary – Todo está listo, tranquilícese.

Brian se coloca frente al ventanal.

Brian – ¡Ah sí, han hecho un trabajo extraordinario! Es realmente impresionante.

Joe – El primer pueblo marciano...

Brian – ¡Es magnífico!

Mary – Sí... Se parece un poco a un camping con casas rodantes... o a un campo de refugiados palestinos, pero bueno...

Joe – Entiendo que los clientes no se estén apresurando.

Brian – De todos modos, ¡bravo!

Joe – Gracias... Pero no le ocultaré que ahora estamos realmente ansiosos por regresar. ¿Cómo está la Tierra?

Brian parece incómodo.

Brian – Bueno... Está bien...

Mary – ¿Está bien, bien, o...?

Brian – Sí, sí, está bien.

Joe – No me digas que el Mesías ha vuelto para salvar a la Humanidad y que ya no necesitamos hacer el trabajo...

Brian – Jesús sigue ausente, se los confirmo. Por ahora, yo lo reemplazo...

Joe – ¡Qué alivio!

Mary – Tuvimos tiempo de hacer una lista de las primeras cosas que haríamos al regresar. Y créame, la lista es larga.

Joe mira a Mary.

Joe – Yo empezaría por comerme un bistec bien jugoso. El filete de soja congelado como plato del día en todas las comidas, durante los primeros seis meses, está bien, pero después de un año...

Mary – Y yo empezaría por darme un baño...

Brian – Es cierto que huele un poco a salvaje aquí.

Joe *(con expresión inquietante)* – Animales enjaulados, eso es exactamente lo que hemos llegado a ser, Brian. Con el Scrabble y la fornicación como única distracción...

Mary – De todos modos, nos encontraremos con el equipo de relevo, ¿verdad? Sus misioneros, como usted dice...

Brian – No creo que sea muy útil... Y entiendo que tengan prisa por irse...

Joe – Lástima, habíamos preparado una noche de karaoke para recibirlos.

Mary – Seguido de un torneo de Scrabble.

Brian – ¿De Scrabble?

Joe – Nos volvimos imbatibles. ¿Sabes cómo se escribe la palabra "cóccix"?

Mary – Es un pequeño hueso que tenemos en el trasero, con una ortografía muy complicada.

Brian parece un poco asombrado.

Brian – Bueno... Solo me queda agradecerles una vez más por todo lo que han hecho...

Mary – De todos modos, espero que le gusten los juegos de mesa, porque verá, aquí es agradable, pero un poco aburrido.

Joe – Especialmente los domingos por la noche...

Brian – Entonces no los retengo... Voy a unirme a Aprilflower para dirigir las maniobras de aterrizaje en Marte... Queridos amigos, buen viaje. Y buena suerte en su regreso a la Tierra...

Él se va. Los otros dos intercambian una mirada preocupada.

Mary – ¿No estaba un poco incómodo cuando le preguntamos por noticias de la Tierra, verdad?

Joe – Sí... Y no parecía querer que intercambiáramos con sus misioneros de los tiempos modernos.

Mary – Probablemente para no desanimarlos... Tal vez temía que cambiaran de opinión.

Joe – Aunque es poco probable. Lo que caracteriza al misionero es que nunca cambia de posición.

Mary – Eres un cómico, después de todo...

Joe – Sí... pero no sé si nos vamos a reír mucho al regresar. ¿Y si la Tierra se volvió inhabitable?

Mary – ¿Más inhabitable que el planeta Marte, quieres decir...?

Joe – Tienes razón. No puede ser peor que aquí...

Mary – Espero... porque por ahora, no tenemos un planeta de repuesto...

Joe – ¿Quién pasaría su vida en un desierto helado cuya atmósfera se evaporó en el espacio?

Mary – Sí, es en la Tierra donde estamos condenados a pasar el resto de nuestros días.

Joe – Y es en la Tierra que nuestro hijo está destinado a vivir... después de haber sido concebido en otro planeta.

Mary – Eso también es algo nuevo...

Joe – ¿Crees que somos los primeros en hacer el amor en algún lugar que no sea la Tierra?

Mary – Gracias por ahorrarme una frase histórica para marcar este hito mundial.

Joe – El polvo marciano...

Mary – Bueno, basta de bromas... Es hora de prepararse para la maniobra de despegue.

Se escucha nuevamente el timbre.

Joe – ¿Otra vez él?

Mary – Esta vez nos llama por video...

Se colocan frente a la computadora de a bordo.

Joe – ¿Brian? ¿Olvidó decirnos algo?

Brian – Sí... Y es un tema... un poco delicado.

Mary – Lo estamos escuchando...

Brian – Cuando me preguntaron cómo estaba la Tierra, antes, no quise arruinar el ambiente. Parecían tan ansiosos por volver a su planeta de origen, su familia, sus amigos...

Joe – Pero... ¿qué pasó?

Se escucha un crujido. Y la voz de Brian está interrumpida.

Brian – Unos meses después de su partida... La situación cambió repentinamente... La vida en la Tierra se volvió...

La comunicación se interrumpe bruscamente.

Joe – Nos cortaron...

Mary – ¿Qué hacemos?

Joe – ¡Regresamos! ¿Qué más podemos hacer? Te recuerdo que estás embarazada...

Mary – No voy a olvidarlo... Tienes razón... Volvamos a casa y veremos...

Joe – Después de todo, quizás sea mejor que no sepamos qué nos espera allá...

Mary – Y para cuando lleguemos, en nueve meses, la situación quizás haya mejorado...

Joe – O tal vez empeore...

Mary – Gracias por levantarme el ánimo.

Joe – Entonces, vamos...

Joe y Mary toman sus lugares en la cabina de mando y se ocupan durante unos segundos.

Mary – ¿Listo para el despegue?

Joe – Acabo de iniciar el procedimiento automático.

Mary – Todo está tan automatizado en esta misión...

Joe – Por suerte, porque antes de subir a este cohete, nunca habíamos pilotado algo que no fuera un automóvil eléctrico.

Mary – Sí... Uno se pregunta si no hubieran hecho mejor en enviarnos robots en nuestro lugar. O monos...

Joe – Al menos, un robot nunca se aburre...

Mary – No come.

Joe – No folla. Y no corre el riesgo de un accidente anticonceptivo.

Mary – Siento como si fuera una crítica disimulada... ¿Crees que lo hice a propósito?

Joe – ¡Para nada!

Mary – Entonces, solo nos queda unirnos a nuestros contenedores hipotérmicos.

Joe – Si somos devorados por algún alienígena durante el viaje, que sepas que eres la única mujer que he amado de verdad. Aunque haya tenido algunas aventuras con otras terrícolas por accidente...

Mary – Gracias, eso me reconforta...

Se besan.

Joe – Aquí vamos.

Mary – Nos vemos en la Tierra en nueve meses.

Salen.

Negro.

Sonido ambiente de un cohete despegando.

Ruido extraño, indicando un mal funcionamiento, y destellos luminosos inquietantes.

Joe vuelve a la cabina de mando, aún un poco adormilado. Mary lo sigue, en el mismo estado. Se sientan en los controles.

Joe – ¿Todo bien?

Mary – Estoy congelada...

Joe – Nueve meses a menos 200 grados... Es suficiente para resfriarse.

Mary – ¿Crees que dejamos de envejecer mientras estamos en estos contenedores hipotérmicos?

Joe – Lo que es seguro es que dejamos de vivir.

Mary – Tienes razón, no vemos pasar el tiempo. Siento que partimos ayer.

Joe – Menos mal. Nueve meses de viaje contando los kilómetros que nos acercan a la Tierra, ¿te imaginas? Setenta y ocho millones de kilómetros... Hice el cálculo, son setenta y ocho millones de veces la distancia entre nuestra casa y la parada del autobús...

Mary – Sí, si hay un kilómetro entre nuestra casa y la parada del autobús... ¿Y cuánto tiempo te llevó hacer el cálculo?

Joe – ¿Qué, no es así?

Mary lo mira.

Mary – Tú, al menos, no has cambiado en absoluto.

Joe – Gracias.

Mary – Sigues siendo igual de tonto.

Joe – Tú tampoco has cambiado, y siempre tienes buen aspecto... Aunque todavía estés un poco helada...

Mary – Incluso en la Tierra, deberíamos dormir en un congelador.

Joe – Pasamos la mitad de nuestro tiempo durmiendo. Viviríamos el doble.

Mary – Mi barriga no ha crecido en absoluto...

Joe – Espero que el bebé esté bien...

Mary – Siento como si se estuviera moviendo.

Joe – Nueve meses dentro de ahí... Y aún tendrá que esperar otros nueve meses.

Mary – ¿Cómo se presenta el regreso?

Joe se coloca frente a la ventana y mira.

Joe – Ya estamos en órbita alrededor de la Tierra...

Mary se coloca a su lado y también mira.

Mary – Se siente bien ver la casa de nuevo.

Joe – Sí, me siento como un caballo que huele el establo...

Mary – A decir verdad, ya hace varios meses que huele a establo en este cubo volador. ¿Los baños todavía están obstruidos?

Joe – En todos casos, no huele a rosas...

Mary – Y me pregunto en qué estado encontraremos la Tierra...

Joe – ¿Es posible que el planeta aún sea habitable?

Mary – ¿Crees...?

Joe – Si hubo una guerra nuclear...

Mary – Desde aquí, es difícil decirlo.

Joe – Desde el espacio, la Tierra no parece haber cambiado, pero abajo...

Mary se inclina sobre los instrumentos.

Mary – Es extraño...

Joe – ¿Qué?

Mary – Según los instrumentos de a bordo, no estamos...

Joe – No me digas que este planeta no es la Tierra.

Mary – No, este planeta es la Tierra, pero no estamos...

Joe – Bueno, adelante, suéltalo...

Mary – Mira el reloj de la computadora... No estamos en el 2074...

Joe – ¿Habríamos tardado algunos meses más y ya estaríamos en el 2075?

Mary – Prefiero que lo veas tú mismo...

Se inclina sobre la pantalla.

Joe – 7074... ¡Es una broma!

Mary – No estoy segura de que los relojes tengan mucho sentido del humor.

Joe – Tal vez esté descompuesto, simplemente...

Mary – Mi reloj indica la misma fecha y hora... Exactamente.

Joe mira su propio reloj.

Joe – El mío también...

Mary – ¿Cómo es posible...?

Joe – No debería serlo.

Mary – Y sin embargo... Mira la Tierra más de cerca... ¿No notas nada...?

Joe – Ya no hay hielo en los dos polos...

Mary – No podría haberse derretido por completo en nueve meses.

Joe – El planeta ahora es un vasto océano.

Mary – Sí... Casi no se ve más tierra sumergida.

Joe – ¿Qué pudo haber pasado?

Mary – Los viajes en el tiempo solo existen en los libros, ¿verdad?

Joe – El contenedor hipotérmico... Puede que haya habido un mal funcionamiento.

Mary – ¿Habríamos estado congelados durante cinco mil años?

Joe – Entonces no sería realmente un viaje en el tiempo.

Mary – Solo habríamos dormido durante cinco milenios.

Joe – ¿Y llevamos cinco mil años en órbita alrededor de la Tierra?

Mary – Alguien nos habría notado, ¿no?

Joe – Si una guerra nuclear acababa de estallar, tal vez ya no haya vida en la Tierra... o los pocos sobrevivientes no pueden construir una nave espacial.

Mary – En cualquier caso, no podemos quedarnos aquí dando vueltas eternamente. Y te recuerdo que estoy embarazada.

Joe – Cinco mil años... Ahora podemos hablar realmente del embarazo más largo de la historia.

Un momento.

Mary – ¿Qué encontraremos abajo?

Joe – ¿Sobrevivió la Humanidad a sus problemas?

Mary – ¿Todo esto evolucionó hacia lo mejor o hacia lo peor?

Joe – ¿Y si lo mejor resulta ser lo peor...?

Un momento.

Mary – ¿Qué quieres decir con eso?

Joe – No tengo ni idea... Salió así... Debo haberlo leído en algún lugar.

Mary – En "Un mundo feliz", quizás...

Joe – No vemos ningún signo de vida.

Mary – Lo seguro es que nadie nos está esperando.

Joe – ¿Y si nos recibieran como peligrosos extraterrestres?

Mary – Sí... Excepto que estamos solos y no tenemos otro planeta al que regresar si no somos bienvenidos aquí...

Joe – Cinco milenios... Cuando vemos cómo el mundo cambió en nuestros últimos diez años en la Tierra...

Mary – ¿Imagina que un hombre prehistórico llegara al mundo que dejamos? ¿Realmente podría adaptarse?

Joe – Y al contrario, ¿si la humanidad hubiera retrocedido a un estado primitivo?

Mary – Y si los dinosaurios hubieran vuelto...

Joe – Seguro que no sería más fácil. Me pregunto qué preferiría...

Mary – De todos modos, todos los que conocimos han desaparecido, y nos han olvidado por completo.

Joe – O tal vez aparecemos en los libros de historia como los primeros en poner un pie en Marte.

Mary – ¿Te das cuenta del grosor de los libros de historia? Cinco mil años...

Joe – Debe haber varios volúmenes...

Mary – No me gustaría volver a la escuela en el año 7069.

Joe – Claro.

Mary – En cualquier caso, si la Tierra se convirtió en un infierno, el Hombre del futuro probablemente juzgará muy severamente a los hombres del pasado.

Joe – Nos verán como monstruos.

Mary – Nos juzgarán por crímenes contra la humanidad.

Joe – Quizás terminemos en la cárcel.

Mary – O nos considerarán fenómenos de feria.

Joe – Nos pondrán en una jaula en un zoológico.

Mary – O en un laboratorio. Como conejillos de indias para análisis.

Joe – O embalsamados en un museo.

Mary – O en un frasco de formol.

Joe – Y si los hombres se hubieran vuelto caníbales...

Mary – Terminaremos en una olla...

Joe – De todos modos, no tenemos elección...

Mary – No... Este niño no va a pasar su vida en una cabina espacial.

Joe – Y nosotros tampoco...

Mary – Vamos a comenzar las maniobras para el aterrizaje... Y que sea lo que sea...

Comienzan los preparativos. Joe se inclina sobre las pantallas de control.

Joe – Espera cinco minutos...

Mary – ¿Qué?

Joe – Hay una nave acercándose...

Mary – ¿No...?

Joe – Al menos, eso significa que todavía hay personas en la Tierra y que no han retrocedido a la prehistoria...

Mary – Ya lo tengo visualizado...

Joe – Creo que incluso puedo leer el nombre de la nave en el casco...

Mary – ¡No puede ser... Aprilflower!

Joe – ¡Es Brian! ¿Pero qué está haciendo aquí?

Mary – Aparentemente, él también saltó hacia el futuro.

Joe – O se quedó atascado como nosotros durante cinco mil años en su congelador...

Mary – Ambas naves fueron construidas sobre el mismo modelo. Si un compartimiento hipotérmico falla, no es sorprendente que el otro también falle...

Se escucha un timbre.

Joe – ¿Quién podría ser?

Mary – ¿Quién más podría ser? Solo puede ser él.

Joe – ¿Ya?

Mary – Bueno, ve a abrir.

Joe – Tal vez pueda explicarnos qué ocurrió...

Joe sale y regresa con Brian, que lleva una túnica y una larga barba, al estilo hippie... o como Dios Padre.

Mary – ¿Brian? ¿Pero qué te pasó?

Brian – Me dejé crecer la barba.

Joe – ¿Durante cinco mil años?

Brian – De hecho... llegué aquí hace seis meses.

Joe – Entonces, ¿no te quedaste en Marte?

Brian – Después de un año en el planeta rojo, era absolutamente necesario que regresara... Los colonos no se apuraban por comprar sus boletos, la Compañía Objetivo Marte estaba en quiebra... y la Tierra estaba al borde del apocalipsis nuclear.

Mary – ¿Y los demás? Los misioneros...

Brian – Se quedaron en Marte... Los primeros colonos acababan de unirse a ellos en el Mayflower...

Joe – ¿Y los dejaste allí...?

Brian – Tuvimos algunos problemas... Solo una de las tres naves estaba en condiciones de hacer el viaje de regreso. Debía volver a Marte con piezas de repuesto, pero cuando salí de mi hibernación, al igual que vosotros, me di cuenta de que habían pasado cinco mil años...

Mary – ¿Partiste después que nosotros y llegaste antes?

Brian – Seis meses antes, sí... Es extraño...

Joe – Si eso fuera lo único extraño en esta historia...

Brian – Pensaba que era el único superviviente de esa misión marciana... Me alegra veros.

Mary – ¿Y has estado dando vueltas en órbita alrededor de la Tierra durante seis meses?

Brian – Bajé... y volví a subir.

Joe – ¿Es tan terrible?

Brian parece incómodo.

Mary – Puedes contarnos todo, ya sabes... De todos modos, terminaremos descubriéndolo...

Brian – No hay nadie más en la Tierra...

Joe – ¿Nadie más?

Brian – Aparentemente, la Humanidad también es una raza que finalmente se extinguió, después de eliminar a todas las demás...

Joe – Entonces somos los últimos supervivientes...

Mary – ¿Pero qué pasó?

Brian – Es difícil de decir... Ya no hay rastro y no hay testimonio histórico.

Mary – Y cuando dejaste la Tierra, nos dijiste que las cosas iban bastante mal...

Brian – La tercera guerra mundial, nuclear esta vez, acababa de estallar. La mitad del mundo ya era inhabitable debido a la radiación y al aumento del nivel del mar. No creo que haya mejorado después de mi partida...

Joe – Y ahora, ¿qué está pasando abajo?

Brian – Solo una pequeña parte de la Tierra volvió a ser habitable, en una de las pocas áreas que quedan emergidas.

Mary – Una especie de jardín del Edén.

Brian – Sí... Pero sin Adán y Eva...

Joe – ¿Y tú? ¿Por qué quedarte aquí? En órbita.

Brian – No es como si abajo fuéramos a encontrar el mundo que conocimos. Cuando teníamos hambre, íbamos a un restaurante. Cuando teníamos frío, encendíamos la calefacción, cuando teníamos calor, encendíamos el aire acondicionado, cuando teníamos el pelo largo, íbamos al peluquero, cuando íbamos al baño, tirábamos de la cadena...

Mary – Sí, ya entendimos...

Brian – No me sentía con ánimos de hacer de Robinson en una isla desierta. Después de todos estos años viajando por el espacio, aún prefería esta nave, las últimas huellas de la civilización que conocimos y lo que nos queda de comodidades modernas...

Joe – Ya veo...

Brian – Me quedé en órbita... Observando el mundo desde lejos... Como Dios...

Mary – Dios...?

Un momento.

Brian – Pero pensándolo bien, vosotros dos, ya que estáis aquí, ¡podríais ser los nuevos Adán y Eva!

Joe – ¿Qué?

Brian – ¡Vuestro Edén os espera! Podríais repoblar la Tierra. Empezamos de nuevo... y fundamos la Humanidad sobre bases más... humanistas.

Mary – ¿Repoblar la Tierra yo sola...? ¿Me tomas por una coneja?

Joe – Yo también sería más bien partidario del hijo único.

Mary – Y luego no entendí muy bien esa parte de la historia en la Biblia. ¿Se supone que nuestros hijos deberían fornicar entre hermanos?

Brian – Es uno de los muchos misterios de ese libro que lamentablemente tiene muchas otras inconsistencias...

Mary – Bueno, sea como sea, tendremos que tomar una decisión. No podemos dar vueltas así alrededor de la Tierra por el resto de nuestros días...

Joe – O nos estrellamos en picada como kamikazes para terminar de una vez por todas con la Humanidad...

Brian – Mientras lo pensáis, ¿me permitís usar los baños? Los míos están obstruidos desde hace cinco mil años.

Sale. Los otros dos se miran preocupados.

Joe – Está aún más chiflado que antes...

Mary – ¡Se cree Dios! Y nos toma por Adán y Eva...

Joe – Entonces, ¿qué hacemos?

Mary – No podemos quedarnos en órbita eternamente. Especialmente con este bebé en camino...

Joe – Y con este peligroso melómano.

Mary – ¿Quisiste decir megalómano?

Joe – ¿No dije eso?

Un momento.

Mary – Al mismo tiempo... tampoco me veo como una náufraga en una isla desierta.

Brian regresa.

Joe – ¿Te sientes mejor?

Brian – Al parecer, vuestros baños también están obstruidos...

Mary – Lo siento, olvidé decírtelo.

Joe – Sí, estamos realmente jodidos.

Brian – ¿Habéis reflexionado sobre mi propuesta?

Joe – Eh... sí...

Brian – Y algo me dice que no estáis entusiasmados...

Mary – ¿Poblar el planeta nosotros dos mientras tú haces de chaperón?

Brian – Si insistís... puedo contribuir con mi pequeña semilla...

Un momento.

Joe – Se me ocurre una idea...

Mary – Me asustas.

Joe – ¿Y si volvemos a Marte? Tal vez allí una civilización haya prosperado con esos primeros colonos.

Mary – Los pasajeros del Mayflower...

Brian – Lo pensé, pero no me sentía capaz de hacer el viaje solo... Mi nave sufrió algunas averías, y tampoco soy ingeniero...

Mary – Tal vez podamos ayudarte a repararla, ¿verdad Joe...?

Brian – La última cosa que logré reparar fue un aspirador, pero siempre puedo intentarlo.

Mary – Ya que no nos sentimos capaces de ser Adán y Eva, no vamos a dar vueltas eternamente alrededor del Jardín del Edén esperando una generación espontánea...

Brian – Bueno... De acuerdo...

Joe – Adelante. Tomo mi caja de herramientas y te alcanzo...

Brian – Allá voy...

Brian se va. Joe y Mary se miran perplejos.

Joe – Me pregunto qué encontraremos en Marte...

Mary – Si los humanos han sobrevivido allí durante cinco mil años, deben haber establecido una verdadera civilización. Cinco mil años es el tiempo que separa la construcción de las primeras pirámides en Egipto del primer paso del hombre en la Luna...

Joe – En ese caso, ¿por qué no habrían recolonizado la Tierra?

Mary – Al principio, porque el planeta era inhabitable debido a la radiación... Y después... tal vez ya no tenían los medios tecnológicos para hacer el viaje.

Joe – Volvamos a Marte. Veremos qué nos espera allí...

Negro.

Nuevos sonidos de motor de cohete.

Nuevos destellos.

Joe y Mary llegan, aún medio dormidos. Miran por la ventana.

Joe – Si esto es Marte, el planeta rojo realmente ha cambiado mucho en cinco mil años.

Mary – No entiendo nada...

Joe – ¡Es azul!

Miran de nuevo.

Mary – No es Marte...

Joe – ¡Es la Tierra todavía!

Mary – Seguro hubo un fallo en el motor...

Joe – ¡Entonces no nos hemos movido!

Mary mira la computadora de a bordo.

Mary – En el espacio, no... Pero, en cambio, hemos dado otro salto en el tiempo.

Joe – ¿Qué? ¿Otro salto hacia adelante?

Mary – Más bien un gran salto hacia atrás...

Joe también mira los indicadores.

Joe – ¡Menos siete mil años! Estamos justo un año antes del nacimiento de Jesucristo...

Mary – Esta vez no podemos atribuirlo a un fallo en el criocápsula. Se trata de un verdadero viaje en el tiempo.

Joe – En este caso, un regreso al pasado.

Mary – Tal vez sea este nuevo motor experimental el que está causando saltos temporales...

Joe – Un pequeño paso adelante para la mujer, un gran salto hacia atrás para la Humanidad...

Mary – Al menos, esta vez sabemos qué esperar si descendemos a la Tierra... Todo ya está en los libros de historia.

Joe – De todos modos, no tiene sentido volver a Marte. Estamos en la época del Imperio Romano... Todavía no hay nadie allí.

Mary – ¿Y Brian?

Joe – Quién sabe...

Mary – No tenemos opción, hay que aterrizar...

Joe – De todas formas, la nave ya no está en condiciones de despegar. Todos los indicadores están en rojo.

Mary – Vamos a hacerlo. ¿Qué tenemos que perder...?

Joe – Inicio el descenso...

Se ocupa de los controles.

Mary – La nave está incontrolable, no sé dónde vamos a aterrizar...

Joe – Mientras lleguemos en una sola pieza... pero no está garantizado...

Negro.

Nuevos sonidos de motor de cohete.

Nuevos destellos.

Joe y Mary están tumbados en sus asientos. Parecen conmocionados. Esta vez, Mary tiene un vientre enorme.

Joe – ¿Estás bien?

Mary – Sí... pero siento algo extraño...

Joe – No me digas que hemos dado otro salto en el tiempo...

Mary mira su vientre.

Mary – Aparentemente, nueve meses.

Joe examina los controles.

Joe – Sí... Hemos avanzado exactamente 243 días. Estamos a solo unas semanas del nacimiento de Jesucristo.

Mary (*poniendo sus manos en su vientre*) – No estoy segura de aguantar unas semanas... ¿El aterrizaje fue un poco brusco, no...?

Joe vuelve a mirar los controles.

Joe – Creo que esta vez el Marsflower ya no despegará... Esto no es un panel de control, es un árbol de Navidad. Todo está parpadeando por todas partes...

Mary – ¿Dónde hemos aterrizado?

Joe – Ni idea...

Se voltea hacia ella y finalmente nota su gran vientre.

Joe – Pero... ¡tu vientre está enorme!

Mary – Han pasado nueve meses, y como esta vez no estábamos en hibernación en nuestras cápsulas criogénicas...

Joe – Nueve meses sin comer ni beber, lógicamente, no deberíamos haber sobrevivido...

Mary – Tienes razón, no es lógico...

Joe – Creo que, dado el punto en el que estamos, sería mejor dejar de buscar lógica en esta historia.

Mary – Estamos de vuelta en la Tierra. Justo antes del comienzo del Nuevo Testamento...

Joe – Decir que al principio partimos para colonizar Marte...

Mary – Será mejor salir para ver qué está sucediendo afuera.

Joe – Y dónde demonios hemos aterrizado.

Mary – Descender en la Tierra en la época de los romanos... Tengo aún más aprensión que cuando pisamos Marte por primera vez...

Joe – En Marte, al menos, no había nadie para recibirnos. No corríamos el riesgo de ser linchados...

Suena el timbre. Están petrificados.

Joe – Han llamado...

Mary – Sí, lo oí.

Joe – ¿Qué hacemos?

Mary – No vamos a quedarnos encerrados en esta nave que ya no puede despegar. Sin ningún contacto con el exterior...

Joe – Voy a abrir...

Sale y vuelve con Brian.

Mary – ¿Brian? ¿Otra vez tú? ¿Pero qué haces aquí?

Brian – Llegué unos días antes que vosotros...

Joe – Entonces ya sabes dónde estamos.

Brian – Sí... Y no lo van a creer...

Mary – No tenemos mucho tiempo para acertijos ahora...

Brian – Estamos en Palestina...

Joe – ¿En la Banda de Gaza?

Brian – ¡En Belén!

Joe – ¿Y cómo hiciste para encontrarnos?

Brian – Vi una luz en el cielo... Parecía una nave espacial entrando en la atmósfera... Así que vine a su encuentro.

Mary – Como los Reyes Magos, entonces. ¿Qué hiciste con los otros dos?

Brian – Están esperándome afuera.

Joe – ¿En serio?

Brian – Pero... ¿estás embarazada?

Mary – Sí, y creo que no voy a tardar en dar a luz... Siento las primeras contracciones...

Negro.

Mary está sentada, visiblemente agotada por el parto. Joe, a su lado, sostiene en sus brazos, envuelto en un paño, al recién nacido.

Mary – ¿Puedo sostenerlo en mis brazos?

Joe – Por supuesto.

Le entrega al bebé y ella lo sostiene en sus brazos, como una Virgen con el Niño. Joe parece aún más agotado que ella.

Mary – ¿Estás bien? Estás muy pálido... ¿Vas a aguantar?

Joe – Es la primera vez que doy a luz a un bebé.

Mary – Sí... También para mí...

Joe – Al final, no es tan complicado.

Mary – Si tú lo dices...

Brian llega.

Brian – Entonces...

Joe – ¡Listo! El niño ha nacido.

Brian – Felicitaciones... Y ¿cómo se llama este divino niño?

Mary – No sabemos...

Joe – Todavía no lo hemos decidido.

Brian – En cualquier caso, no corren riesgo de bautizarlo...

Joe – ¿Y por qué no?

Brian – ¡El bautismo aún no existe! Jesús nacerá en unas semanas...

Mary – Ah sí, es verdad...

Todos miran al niño. Sonríen extasiados.

Brian – ¿Y si lo llamamos Jesús?

Joe y Mary se vuelven hacia él, perplejos.

Joe – ¿Jesús? ¿Por qué Jesús?

Mary parece entender mejor a dónde quiere llegar.

Mary – Entonces no has renunciado a ser Dios, ¿verdad?

Brian – Es probablemente mi destino. Y no creo que estemos aquí por casualidad. ¡Pensadlo! Es una oportunidad única de cambiar la Historia. Estamos en Palestina. En Belén. Justo antes del nacimiento de Cristo. ¿No es una señal?

Joe – ¿Una señal? ¿Una señal de qué?

Mary – Creo que tengo una pequeña idea...

Brian – ¿Qué os parece si adelantamos a Jesús unas semanas, lanzando otro mesías antes que él? El Cristo que conocemos pasaría completamente desapercibido...

Joe – ¿En serio crees?

Brian – Imaginen que Gagarin hubiera puesto un pie en la Luna primero. Nadie se acordaría de Neil Armstrong y su pequeña frase...

Mary – ¿Quieres que mi hijo se convierta en el salvador de la Humanidad?

Joe – Hay que reconocer que el otro no dejó un legado inolvidable. Salvador de la Humanidad, vaya... La historia después de él es solo una larga sucesión de masacres.

Brian – Muchas de ellas a causa de las guerras religiosas...

Joe – Sin mencionar a la Iglesia, que siempre se puso del lado de los tiranos...

Brian – Y que siempre ha apoyado las posiciones más reaccionarias.

Mary – Sobre todo hacia las mujeres...

Joe – ¿Y cuál es tu plan ahora?

Brian – Tenía planeado fundar una nueva civilización en Marte, pero el destino ha decidido de otra manera – este viaje espacial se ha convertido en un viaje en el tiempo... ¡Pero aún no está todo perdido!

Mary – Entonces todavía te sientes investido de una misión...

Brian – Mi misión era salvar a la Humanidad. Dado que se nos presenta la oportunidad, ¿por qué no intentar reconstruir el mundo sobre otras bases? Más humanistas...

Mary – ¿Fundando una nueva religión?

Joe – Una más...

Brian – Si el profeta que estamos a punto de lanzar es el mejor y nuestra religión es menos sectaria y más beneficiosa que las demás para toda la Humanidad, ¡aplastaremos a la competencia!

Mary – Ya nos prometiste la luna con Marte...

Joe – Sin contar que nunca nos pagaron.

Mary – Entiende que estemos un poco desconfiados.

Brian Esta vez va a funcionar, lo siento...

Momento de duda.

Joe – Bueno, no puede ser peor... La Humanidad ha sobrevivido durante siete millones de años, y dos mil años después de Jesucristo, nuestra civilización judeocristiana logró autodestruirse...

Mary – ¿Entonces piensas salvar al mundo del calentamiento global y del apocalipsis nuclear... tomando la delantera al cristianismo, Y sustituyendo al Mesías por otro?

Brian – Siempre se puede intentar, ¿no?

Joe – Después de todo, ¿qué tenemos que perder?

Brian (*a Mary*) – Parece que a ti no te entusiasma mucho, ¿verdad?

Mary – Te recuerdo que Jesús terminó en la cruz...

Brian – Trataremos de evitar llegar a eso. Pero de todos modos, al llegar a la Tierra en una nave espacial y trajes de astronauta, no tenemos muchas opciones...

Joe – O nos hacemos pasar por enviados de Dios, o terminaremos en la hoguera como enviados de Satanás...

Un momento.

Mary – Es cierto que siendo los padres del Mesías, al menos al principio, seguramente estaremos más tranquilos.

Brian – ¡Mirad las cosas positivamente! ¡El futuro de este niño será excepcional de todos modos! Y ser padres del Mesías no es algo que le suceda a cualquiera...

Mary se inclina hacia el niño.

Mary – Vamos a llamarlo Jesús...

Sonrisas satisfechas de todos al mirar al niño.

Brian – Además, ya que el otro Jesús aún no existe y está destinado a caer en el olvido... podemos llamar a nuestro Mesías como queramos. Porque bueno, Jesús... Es un poco anticuado, ¿no?

Mary – Siento que ya tienes una idea para el nombre...

Brian – ¿Por qué no Brian?

Joe (*a Mary*) – ¿Él no es el padre, verdad?

Mary – Quién sabe... Para Jesús tampoco sabíamos muy bien quién era el padre.

Brian – Digamos que soy el padrino y le dimos mi nombre porque soy un amigo de la familia.

Mary – Bueno...

Brian – Llamémoslo Brian Junior...

Joe – ¿Brian Junior...? Para un Mesías que se supone que salvará al mundo...

Brian – Lo cierto es que este niño desciende un poco del cielo...

Un momento.

Mary – ¿Creen que podría funcionar?

Brian – Nos queda bastante equipo a bordo. No tenemos los medios para devolver la vista a los ciegos o convertir el agua en vino, pero podemos hacer algunos milagros...

Joe – Mi traje espacial autopropulsado todavía funciona. Subir al cielo solo presionando un botón, eso tiene más estilo que caminar sobre el agua.

Brian – Tendremos que reescribir la Biblia. En todo caso, el Nuevo Testamento...

Mary – Supongo que lo llamarás La Vida de Brian Junior...

Se escuchan llantos de un bebé.

Brian – Ah... Creo que Brian Junior ya quiere decirnos algo...

Joe – Tal vez debamos cambiarlo...

Mary – Voy a mirar eso...

Brian – Se nota que tiene carácter. Por no decir cierto carisma...

Comienza a desenvolver al bebé, y su mirada se congela.

Mary (*a Joe*) – ¿Me dijiste que era un niño, verdad?

Joe – Estaba tan sorprendido... No pensé en mirar...

Brian – ¿Hay algún problema?

Mary – No, es solo que... ¡es una niña!

Momento de estupor.

Brian – Después de todo, mientras reconstruyamos el cristianismo sobre nuevas bases, que el Mesías sea una mujer...

Todos los ojos se dirigen a la niña. Sonrisas extasiadas. Música sagrada.

Negro.

Fin

Febrero de 2024

www.ingramcontent.com/pod-product-compliance
Lightning Source LLC
LaVergne TN
LVHW052208200726
843508LV00015B/1936